1465

UN MOT SUR L'EXPOSÉ

DE PRINCIPES

DE L'ÈRE NOUVELLE

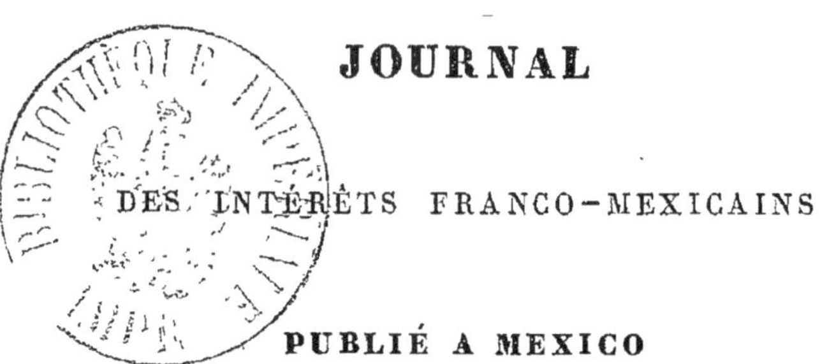

JOURNAL

DES INTÉRÊTS FRANCO-MEXICAINS

PUBLIÉ A MEXICO

PARIS

LIBRAIRIE DE AD. LAINÉ ET J. HAVARD

RUE DES SAINTS-PÈRES, 19

—

1864

UN MOT SUR L'EXPOSÉ

DE PRINCIPES

DE L'ÈRE NOUVELLE [1]

I.

Un prospectus de journal peut passer plus ou moins inaperçu, alors que, n'accusant pas hautement un grand but politique, son auteur ne montre d'autre prétention que celle de prendre part au mouvement général des idées. Mais on doit le considérer différemment et lui reconnaître une tout autre importance, quand ce prospectus, devenu un véritable exposé de principes, a été, comme celui de l'*Ère Nouvelle,* précédé d'une brochure remarquable et remarquée : « *le Programme de l'Empire;* » quand, disons-nous, le prospectus traite, comme la brochure, des plus chers et des plus intimes intérêts d'un pays, et, produit d'une même pensée, vise notoirement au même résultat.

Ce n'est pas d'ailleurs sans étonnement qu'on voit l'ancien rédacteur en chef du *Courrier des États-*

(1) Journal récemment fondé à Mexico.

Unis, identifié depuis longues années aux mœurs et aux institutions d'un État républicain, étranger tout à fait aux nôtres par l'origine et les habitudes, venir fonder à Mexico, sans motifs appréciables, et au moment où le mécanisme gouvernemental va entrer en jeu, dans la plénitude de son action, et sur les bases précédemment établies, une publication qui peut paraître aspirer à dominer les partis et à diriger l'opinion.

Son auteur, en effet, déclare, tout d'abord, que la libre discussion n'est pas, « d'ici à quelque temps possible, à « cause des préventions qui se manifestent, des rancunes « qui subsistent et des passions qui rugissent encore « sourdement au fond des cœurs et des esprits. »

Cette grave et triste incrimination, nous ne savons, en réalité, à qui elle s'adresse, l'auteur ne l'ayant pas explicitement indiquée ; mais avant d'en examiner la justesse, il nous sera permis de mettre en doute le droit que peut avoir, en tout état de cause, l'honorable publiciste à la faire.

Un étranger peut croire sans doute posséder, à raison de l'indépendance de ses jugements, certains avantages sur les nationaux, en se mêlant de leurs intérêts politiques. N'étant point animé des passions qui les agitent, il lui sera facile de demeurer impartial envers les personnes. Mais, par contre, n'est-il pas nécessairement, en vertu de cette même qualité d'étranger, partial envers les choses, puisqu'il ne les connaît point à fond, ne les aperçoit qu'à la surface et les apprécie au moyen d'une autre optique, en leur donnant pour critérium les idées prédominantes du milieu où il a vécu ?

Admettant que cette incrimination ait le parti conservateur pour objet, nous demanderons quelles rancunes, quelles préventions et quelles passions il peut être légitime et rationnel de lui supposer. Quels en seraient la cause, l'origine, le mobile, le but? Ce parti n'a-t-il pas triomphé avec la civilisation et l'humanité, et triomphé si complétement qu'il a pu voir dans son succès le doigt même de la Providence? N'est-il pas, par une conséquence de ce grand fait, devenu politiquement et socialement la nation même? N'a-t-il pas obtenu l'édification d'un trône, conforme à ses principes, à ses besoins et à ses vœux? Si la passion l'a dominé, si elle le domine encore, n'est-ce pas seulement la passion de la reconnaissance et du dévouement pour le souverain qu'il s'est donné, et auquel il a remis les destinées futures de la patrie; passion aussi noble dans sa cause que dans son objet, et que l'empereur Maximilien, en visitant les provinces de son empire, a rencontrée partout sur ses pas, comme l'affirmation et le gage de la régénération, dont les bases ont été cimentées au château de Miramar, le 10 avril 1864?

Mais si le fondateur de l'*Ère Nouvelle,* par ces rancunes et ces passions, a entendu désigner le parti tombé, nous osons croire qu'il fait également une supposition vaine; car comment imaginer que ce parti puisse nourrir des ressentiments, en dehors des amertumes naturelles que lui cause le changement de sa situation politique? Le souffle de la conciliation et de l'oubli ne l'entoure-t-il point de tous les côtés? Pas un cri n'a été dirigé contre lui. Les manifestations nationales ont, toutes, porté la

généreuse empreinte d'une grande pensée de sympathie
et de concorde, et l'écrivain dont nous apprécions ici les
idées, peut voir les conservateurs et les partisans du régime déchu se coudoyer paisiblement dans nos villes,
qui, depuis la chute du dernier pouvoir, ne connaissent
plus d'exilés.

Avant, comme après la proclamation de l'empire, ces
sentiments, à l'honneur du parti conservateur, ont été
les siens. A l'heure de ses plus vifs enthousiasmes, et
devenu maître des événements, il disait à l'illustre archiduc Maximilien, par une bouche qui n'a jamais flatté
ni trompé : « En conquérant l'amour des peuples, vous
« avez appris, Monseigneur, l'art difficile de les gouver-
« ner. Aussi, après tant de luttes, notre patrie qui res-
« sent un immense besoin d'union, vous devra-t-elle un
« jour l'inappréciable bienfait d'avoir rapproché et ré-
« concilié les cœurs mexicains que les malheurs publics
« et l'entraînement des passions avaient séparés et divi-
« sés ; mais qui n'attendent que votre précieuse influence
« et l'exercice de votre autorité paternelle, pour se mon-
« trer pénétrés des mêmes sentiments. »

L'auteur de l'exposé, qui n'est nullement fondé, on
vient de le voir, à imputer des rancunes et des préventions au parti national conservateur, le serait-il davan-
tage à lui reprocher, comme il l'a fait, ce qu'il appelle
« son *inertie* et son *impuissance ?* » Non certes, et la
démonstration en sera facile ; car, ainsi que la précé-
dente, elle repose sur des faits notoires, éclatants. En
effet, ce parti que l'honorable écrivain représente comme
un corps privé de chaleur, de spontanéité et de vie ; ce

parti, disons-nous, ou plutôt ce cadavre, a eu des bras assez vivants et assez robustes pour porter la monarchie de Miramar à Vera-Cruz, de Vera-Cruz à Mexico, et de Mexico jusqu'aux plus lointaines limites du territoire.

Le monde a éprouvé une véritable surprise à l'annonce inattendue de ces ardentes manifestations publiques, nouvelles dans le pays, et peu habituelles au caractère national.

Si à l'œuvre on connaît l'ouvrier, il n'est permis à personne de contester que le parti conservateur n'ait fait son devoir avec noblesse, courage et succès. Il l'a fait avant l'empire, en le préparant par ses aspirations, ses luttes et ses sacrifices. Il le fait également aujourd'hui par sa réserve et son silence ; car, n'étant point en démocratie, mais en monarchie et en monarchie véritable, qui doit s'appuyer sur les institutions et l'ensemble d'éléments qui la caractérisent et font sa stabilité et sa force, ayant remis à un empereur, dans lequel il a vu réellement, nous l'avons dit, l'élu de la Providence, une autorité sans bornes pour l'application des grands et salutaires principes dont cette monarchie doit s'étayer, quelle autre attitude qu'une « attitude expectante » devait prendre et tenir le parti conservateur après la période d'enfantement, laissant ainsi, une fois sa tâche accomplie, au temps et au trône à faire la leur ? Nous pouvons donc dire, avec le fondateur de l'*Ère Nouvelle*, quoique en tirant de sa pensée des conséquences toutes contraires, que « la phase actuelle est dans la logique « des événements, comme elle l'est aussi dans la logi- « que des devoirs et des sentiments du cœur humain. »

Au nom d'une nécessité parfaitement imaginaire, suivant nous, l'ancien rédacteur en chef du *Courrier des États-Unis* laisse entrevoir la prétention de concourir à former au Mexique l'esprit public. Outre que sa qualité d'étranger et de nouveau venu n'est guère en rapport avec une pareille intention, le fait devant la politique et l'histoire nous paraît mal justifié. L'esprit public n'est plus à connaître, il est connu; l'empire n'est plus à faire, il est fait, et les sentiments nationaux du Mexique ont une caution de trois siècles. Nous comprendrions, pourtant, si, à cette heure, il s'agissait encore de couronner, dans l'archiduc Maximilien, une monarchie chrétienne, qu'on tînt, comme on l'a fait, à interroger l'esprit public ; mais l'étudier aujourd'hui serait un soin superflu, et le former, une convenance entièrement fictive, puisqu'il s'est révélé complétement dans le rapport de la commission de la Junte des Notables, dans le vote unanime qui l'a suivi, dans les *actas nacionales*, et dans l'inauguration, solennelle et déjà vieille d'une année, du nouvel empire.

Un fait étrange, général, parfaitement inattendu, et contre lequel on ne saurait trop protester, c'est le soin avec lequel des plumes non mexicaines semblent s'appliquer à obscurcir une position pourtant des plus simples, et qui ne présente, à aucun titre, la complexité et les aspects multiples dont on se complaît à la surcharger. On s'évertue à créer une atmosphère factice, «*crear atmosfera,*» comme nous disons en espagnol, pour en faire sortir la pluie et le beau temps, suivant l'expression aussi triviale que consacrée. On parle des factions, de leurs chefs, de leurs ambitions, de leur hostilité. On englobe tout un monde plus ou moins imaginaire dans l'élastique et ténébreuse formule de « partis du passé ». Tantôt on accuse la nation d'immobilité, tantôt on la représente comme s'agitant et agitant. Les incriminations s'entre-croisent, sans qu'on puisse savoir précisément à qui elles s'adressent, forçant dès lors à conjecturer qu'on crée, pour une combinaison cachée, des ennemis de fantaisie. Il est évident que, le voulût-on, on ne pourrait constituer aujourd'hui de partis dans la réelle acception du mot, par l'absence des éléments nécessaires. Si l'on conçoit en France leur existence et leur durée, même sous un gouvernement formidable, parce que les prétentions dynastiques diverses, quelque découragées qu'elles puissent être, n'ont pas entièrement abdiqué, comment les concevoir au Mexique, à une heure où ne se reconnaissent plus que deux opinions ou plutôt deux systèmes, l'un triomphant, l'autre abattu pour jamais; le premier personnifié, avec la nation elle-même, dans l'empereur Maximilien ; le second, débris d'un principe usé, jusqu'à la racine, dans les excès d'une stérile et longue anarchie, représenté par les quelques personnalités, sans force et sans prestige, de la démocratie renversée? Pourquoi, dès lors, cette fantasmagorie politique? Ne serait-ce pas qu'on veut amoindrir le grand parti national qui, résumant en lui le présent et le passé du Mexique, devient ainsi nécessairement le pivot de son avenir?

Il n'est pas, au reste, plus rationnel de supposer l'existence de nombreux partis au Mexique que d'aspirer à y établir une société toute nouvelle. Eh quoi!

le régime monarchique est-il pour nous une nouveauté? Le pays n'a-t-il pas derrière lui trois siècles de monarchie coloniale? Est-on libre d'effacer de ses souvenirs et de ses annales 1821, le plan d'Iguala, les *trois garanties?* D'ailleurs, par quel procédé pratique substituer à la nation qui a demandé, fait, proclamé, inauguré et consacré l'empire actuel, une *société nouvelle,* qui ferait servir la régénération obtenue à en exclure et à en détruire l'auteur? Ou nous nous trompons étrangement, où l'on nagerait ici en plein dans l'absurde, car, pour édifier cette société nouvelle, qu'on nous annonce avec une si singulière assurance, il faudrait nécessairement de deux choses l'une : — ou traiter la génération présente du Mexique comme la race anglo-saxonne a traité les Indiens semi-sauvages du Nord-Amérique, — ou amener avec une rapidité vertigineuse, sur le sol mexicain, un flot d'immigrants étrangers, numériquement supérieur à nous-mêmes. Dans ces deux cas seulement, votre rêve de société nouvelle pourrait s'accomplir. Mais à quel prix? Et que seriez-vous? Des régénérateurs ou des destructeurs?

Assez donc, et que les plumes non mexicaines, faisant grâce de leurs idées politiques et religieuses à une nation qui leur est parfaitement étrangère, se bornent à des idées d'industrie, d'administration et de science, qui seront chez nous les bienvenues, parce que ce genre d'idées, loin de faire, comme les premières, obstacle à notre existence sociale, morale et politique, peut, au contraire, contribuer, par les développements matériels, à l'affirmer et à la rendre fortunée.

Les arguments auxquels nous croyons de notre devoir d'opposer ces quelques mots de vérité, et qui trouveront les développements naturels qu'ils réclament dans un écrit actuellement sous presse, et dont le titre, *le Mexique et la Monarchie,* indique suffisamment la signification et le caractère, ont donc cela de particulier et de peu compréhensible qu'ils suppriment tacitement tout un ordre de faits générateurs de la situation actuelle, et semblent porter une date de beaucoup antérieure à celle où nous sommes parvenus; qu'en un mot, et, pour nous servir de l'expression consacrée d'un de nos vieux dictons espagnols, ils commencent « le Credo à Ponce Pilate ».

« L'esprit public, dit l'auteur de l'Exposé, n'est point « assez détaché des choses d'un autre temps, qui sont « un écueil pour le progrès. »

Peut-être eût-il été bon d'indiquer ici de quel progrès on entend parler, car il est, malheureusement, différentes manières de le concevoir.

« Ces choses d'un autre temps » font très-probablement et surtout allusion au sentiment religieux. Or, à supposer qu'il en soit ainsi, nous remarquerons que, pour les catholiques, le catholicisme est de tous les temps, et que la vérité en religion ne saurait vieillir et conséquemment s'user.

Quant à la monarchie, elle est assez ancienne dans le monde pour avoir pu y faire ses preuves, et le Mexique, qui doit nécessairement mieux apprécier ce qui convient à sa vie politique et morale que des théoriciens, qui ne lui tiennent par aucun lien, autre que celui fort peu

serré, quoique fort honorable en soi, d'un sentimenta-
lisme cosmopolite, le Mexique, disons-nous, a obtenu
et consacré tout récemment ce qu'il avait réclamé so-
lennellement en 1821 (date où commence véritablement
son ère nouvelle) dans ces trois mots de la formule du plan
d'Iguala : *Religion, indépendance, monarchie;* et ce trait
d'union, rétabli entre le passé et l'état présent, sur les
ruines de l'anarchie, est le meilleur des progrès pour lui.

Et c'est continuer ce progrès que d'en continuer les
traditions. Il nous sera permis d'ajouter, comme conséquence et comme conclusion naturelle de l'observation
qui précède, que si l'opinion publique était formée
parmi nous bien avant la fondation du *journal l'Ère
Nouvelle,* de même le programme de l'empire existait
aussi bien avant la brochure qui porte ce nom, puisque
ce programme remonte à 1821, qu'on peut à bon droit
considérer, nous le répétons, comme le 89 du Mexique,
non sans doute par l'identité des principes, mais bien
comme point de départ et comme base de tous les intérêts de cette société, comme l'expression à la fois intime
et pratique de ses sentiments.

Le vote national de 1863 n'a été, ainsi qu'on l'a rap-
pelé dernièrement dans des allocutions prononcées à
Mexico, que le rappel historique et la consécration nouvelle du plan des *trois garanties,* promulgué en 1821
par Iturbide.

Dans ce lien et cette succession réside pour nous le
progrès, puisqu'il ne nous est possible logiquement de le
concevoir que dans un sens diamétralement contraire
aux tendances émanées des institutions républicaines qui

nous ont causé tant de mal depuis quarante ans. Pour le progrès matériel, dans toutes ses branches, qui ne le désire et ne s'applaudirait de le voir, sous l'égide d'une protection spéciale, prendre un essor rapide et fécond ?

Quant au genre de liberté à laquelle nous aspirons, cette liberté n'est pas non plus à chercher : elle a été définie à Miramar le 3 octobre 1863 : « Liberté féconde parce « qu'elle est vraie, dont l'alliance avec la justice est la « première condition, et non cette liberté fausse qui ne « s'est fait connaître à nous que par ses ravages et ses « excès. »

L'auteur de l'*Exposé*, quelque enclin qu'il soit à contester l'existence de forces vives chez la nation mexicaine, ne pense pas , toutefois, qu'elle soit condamnée, ce sont ses termes, à « une éternelle impuissance. » Au fond, il lui reconnaît des éléments d'activité essentielle, mais qui ne sauraient se produire avec avantage qu'au sein, dit-il, « d'une situation normale et bien assurée. »

Une telle proposition est faite assurément pour surprendre, puisqu'elle présente, comme un résultat à poursuivre, un résultat réalisé. Que faut-il, en effet à la situation nouvelle du Mexique pour être « normale et bien assurée? » Le principe monarchique n'a-t-il pas été restauré aux battements de mains du pays? Le prince Maximilien n'est-il pas empereur, de par le vote national universel? Juarez est-il encore à Mexico, et l'épiscopat dans l'exil?

Qu'il faille, pour conduire le char de l'État, un esprit supérieur et clairvoyant, « une main vigoureuse et résolue « qui serve aux passions de frein, et à la paix d'appui

« solide, » nous n'en sommes pas moins convaincu que l'auteur de l'*Exposé ;* mais ici encore, c'est un besoin satisfait. « Que l'effort pour arriver à la concorde et à la « prospérité du pays soit moins pénible et moins long « qu'on ne le croit généralement, » nous le pensons encore avec lui, mais à cette condition, pourtant, c'est qu'on ne répande pas l'ombre, l'indécision et le doute sur un état de choses régulier ; qu'on s'abstienne des programmes individuels qui peuvent altérer la confiance publique, qu'on se souvienne que le nouveau souverain, alors archiduc d'Autriche, ayant mis pour formelle condition à son acceptation du trône l'assentiment général du pays ; « la monarchie, disait l'auguste prince, ne « pouvant être rétablie au Mexique sur un fondement « légitime parfaitement solide, que si la nation tout « entière, exprimant sa volonté, venait ratifier le vœu de « la capitale, » cet assentiment lui fut apporté tellement complet par les *actas nacionales,* qu'il n'hésita plus, malgré de sévères et nobles scrupules, à se rendre aux vœux du Mexique, en plaçant sur son front la couronne ; que dès lors les partis, au point de vue d'ensemble de la politique, ont naturellement disparu, laissant seulement en présence une nation et un empereur.

Remarquons incidemment que ces partis, dont on suppose si gratuitement l'existence et dont on préjuge si singulièrement l'action, on les eût vainement cherchés pendant les dernières années du régime déchu.

Il est des faits qu'on ne cite et des jugements qu'on ne reproduit qu'à son corps défendant, avec la plus grande répugnance. Nous ne nous serions pas décidé à nous faire un argument en faveur de la vérité de l'appréciation qui va suivre, sans le soin avec lequel, nous venons de le dire, on crée artificiellement des partis, et la persistance qu'on met à leur assigner un rôle sur le théâtre des événements.

Ces partis existent si peu qu'un Français animé d'idées libérales, du caractère le plus digne, partisan de la république, et qui a séjourné au Mexique de longues années, a pu dire à l'un des chefs de l'armée expéditionnaire : « Ne vous attendez pas, mon général, à trouver au « Mexique des partis politiques. Dans ce pays, il n'y « en a que deux en réalité : le parti conservateur ca- « tholique et le parti des convoitises personnelles. »

Pour ne pas laisser subsister l'ombre même d'une équivoque sur notre pensée, en faisant cette citation, nous avons hâte d'ajouter qu'entre le parti catholique conservateur et le parti qui n'a d'autre mobile que l'intérêt de sa fortune, se placent les individualités les plus respectables parmi lesquelles nous nous honorons de compter de nobles et chères amitiés, mais qui ne sauraient ni par l'unité de leurs aspirations ni par leur nombre, constituer un parti, dans l'acception précise du mot.

C'est, disons-nous encore, qu'on apaise les esprits et qu'on amène à soi peu à peu les dissidents par la persuasion des bienfaits du nouveau règne, au lieu d'essayer en vain d'amalgamer des principes incompatibles; c'est aussi qu'on n'assimile pas des dates et des faits d'histoire que tout, à notre avis, concourt à rendre nettement distincts.

« Le rôle que Maximilien Ier est appelé à jouer dans

« les destinées du Mexique, offre, dit le fondateur de
« l'*Ère Nouvelle*, une frappante similitude avec celui du
« premier consul. »

A nos yeux, du moins, cette frappante similitude est,
en réalité, une profonde différence. Chacun sait que le
premier consul, guidé en cela, du reste, par la clair-
voyance de son génie, le sentiment du salut public et la
fermeté de sa grande âme, à la hauteur de toutes les
responsabilités, expulsa les Cinq-Cents et conquit l'autorité politique, au sein de la confusion révolutionnaire,
avec la baïonnette de ses grenadiers. Tout au contraire,
l'empereur Maximilien n'arracha pas le pouvoir à l'anarchie, mais il le reçut des mains de la nation, qui, rentrée
en possession d'elle-même, grâce au généreux concours
et à la victorieuse épée de la France, le déposa librement dans les siennes en le suppliant de l'accepter.

Quant à Guillaume d'Orange devenu roi d'Angleterre,
sous le nom de Guillaume III, il est, et nous nous gar-
derons bien d'en disconvenir, un point à l'égard duquel
l'exactitude du rapprochement ne saurait être méconnue.
C'est que les Anglais ont appelé Guillaume au trône,
afin de voir affermie et garantie la religion de l'État,
qu'ils croyaient menacée par le dernier Stuart, Jacques II :
de même que les Mexicains viennent de le faire, en une
circonstance analogue, et avec la même certitude de
succès.

En effet, le prince d'Orange, qui avait adopté cette devise de sa maison : *Je maintiendrai*, lui donnait une signification précise, en y ajoutant le mot *religion*, et si,
prince protestant, il n'invoquait pas les bénédictions du

Vatican, il avouait que la religion était son mobile, et qu'il croyait y puiser sa force.

Jusque-là, les ressemblances sont plus ou moins grandes ; mais les dissemblances, si l'on interroge l'histoire, sont infiniment plus saillantes et plus nombreuses que les parités accidentelles qui se rencontrent entre des situations, au fond, inassimilables.

Guillaume d'Orange n'acceptait pas une couronne donnée par la nation, mais il prétendait à un trône occupé par une dynastie à laquelle l'unissaient des liens de proche parenté ; il ne venait pas seul sur un territoire, où l'appelait un vote national, mais bien sans la sanction d'un vote populaire, et à la tête d'une armée hollandaise considérable, qu'amenaient plusieurs centaines de vaisseaux ; ce n'était pas le sentiment religieux et monarchique qui lui donnait, de ses propres mains, la royauté, mais il faisait appel à ce sentiment pour la conquérir et la conserver ; Maximilien Ier était empereur d'un peuple étranger, en quittant son pays natal ; Guillaume III, parti prince d'Orange, ne devint roi qu'après avoir abordé en Angleterre, et fait le trône vacant avec son épée.

Cela dit, ne pourrait-on s'étonner qu'au lieu de chercher historiquement des ressemblances où elles n'existent pas, on n'en ait pas cherché là où elles se rencontrent : par exemple, qu'on n'ait pas invoqué l'exemple du duc d'Anjou, devenu roi d'Espagne, d'un général français de l'armée napoléonienne, devenu roi de Suède, enfin, du prince Léopold de Saxe-Cobourg, appelé au trône de Belgique ? Il est vrai que, si on se fût autorisé de ces exemples, on eût été mal venu à demander la table rase et la répudiation du passé, puisque ces trois souverains, étrangers au pays dont les destinées leur furent remises, se firent un devoir et une force d'approprier leurs sentiments aux sentiments de ces peuples, de s'identifier à leurs croyances et de respecter leurs traditions.

Au fond, le langage et les arguments de l'auteur de l'*Exposé* peuvent sans doute faire illusion quand ils se produisent avec le prestige du talent et toutes les séductions du style; mais pour être soustrait à son charme, il nous suffit de tenir les yeux attachés sur le drapeau arboré à Miramar, où un Mexicain eut le bonheur et l'honneur de prononcer, au nom de son pays, ces mots : « *In hoc signo vinces.* »

Ce drapeau symbolise l'esprit et le cœur de la nation. Chacune de ses couleurs a socialement et politiquement, sa signification propre, et ceci n'est pas, qu'on le remarque bien, une allégation de fantaisie, mais un fait positif d'histoire; le rouge voulant dire *indépendance;* le vert, *union dans la monarchie*, et le blanc, placé au centre, la *religion*, lien et trait d'union pour les deux autres. Dans leur ensemble, ces trois couleurs portent le titre plus significatif encore des *trois garanties*, résumant ainsi les traditions, les sentiments, la manière d'être et les besoins du pays.

Au moment où l'arrière-descendant de Charles-Quint a prononcé le « *oui* » solennel qui lui donnait un trône et nous donnait un empereur, ce drapeau a été hissé sur les tours de cette historique résidence.

Ce jour-là, et par ce simple fait, il s'est trouvé que le programme de l'empire n'était plus à écrire : il était fait.

II.

Le Mexique n'est nullement dans la situation où l'honorable fondateur de l'*Ère Nouvelle,* dans les meilleures intentions possibles, mais, suivant nous, par une erreur évidente, a cru juste de le placer. La maladie n'est plus à connaître et à caractériser, le médecin à découvrir, ni le traitement à appliquer. Supposer une situation autre pour en surmonter les apparentes difficultés, ce serait, qu'on nous permette la comparaison, prendre à tâche d'enfoncer une porte ouverte.

Il y a bien longtemps, en effet, qu'appréciant l'intensité permanente et l'étendue des maux produits par l'établissement de la forme républicaine dans un pays sans républicains, des Mexicains, guidés par le sentiment profond de cette évidence, comprirent que leur patrie devait demander son salut à la monarchie et à l'adoption d'un prince étranger, ainsi qu'en témoignèrent ces paroles, adressées au futur souverain par un délégué de la nation, le 3 octobre 1863 :

« Près d'un demi-siècle, Prince, s'est écoulé pour le
« Mexique au sein de stériles souffrances et d'intoléra-
« bles humiliations, sans éteindre pourtant en nous tout
« esprit de vie et tout espoir. Nous n'avons cessé de sol-
« liciter avec ardeur et d'attendre avec conviction un
« remède à nos malheurs toujours croissants. Vaine n'a
« pas été cette foi, et visibles sont aujourd'hui les voies

« providentielles par lesquelles nous avons été conduits
« à l'Ère nouvelle, qui frappe d'étonnement par son im-
« prévu les intelligences les plus élevées.

« Instruit de ses erreurs par ses fautes, le Mexique
« fait, en ce moment, un suprême effort pour y échapper.
« Il transforme ses institutions, convaincu que celles où
« il va chercher sa renaissance lui seront plus propices
« encore qu'au temps où il formait la colonie prospère
« d'une monarchie européenne, surtout s'il lui est donné
« de mettre à leur tête un prince catholique, qui joigne,
« à son mérite supérieur et reconnu, cette noblesse de
« sentiments, cette énergie de volonté, cette rare et
« haute abnégation, privilége de ceux que Dieu choisit,
« à l'heure décisive de la désorganisation sociale et des
« périls publics, pour sauver et régénérer les peuples. »

Ajoutons que la même voix avait signalé, dès 1840,
comme une convenance supérieure pour la dignité du
pays et la tranquillité de son avenir, que le Mexique se
chargeât lui-même d'asseoir politiquement ses destinées,
en choisissant sa monarchie et son monarque.

« Combien ne serait-il pas avantageux, écrivait-il,
« que le futur souverain fût élu par la nation, et non
« désigné par les puissances étrangères ; que, par suite,
« le pacte fondamental fût l'œuvre propre du pays, libre-
« ment destiné par nous-mêmes à assurer le bonheur
« commun et à constituer le lien véritable entre le peuple
« et le trône ! »

Tout, dans l'ordre des idées générales et des principes
constitutifs du nouvel état de choses, est donc fait, dès
longtemps, et nous avons eu, à ce titre, toute raison de

dire, il n'y a qu'un instant, que la maladie n'était plus à connaître, le médecin à découvrir, ni le traitement à appliquer.

La maladie, c'était une forme politique directement contraire au tempérament national ; le médecin, c'est la monarchie pure et vraie, et le traitement, l'application des grands principes d'ordre, de morale et d'autorité, qui lui servent de fondement et d'expression.

Le triomphe de ces principes, dans leur application comme dans leur essence (nous ne craignons pas de le dire ici, parce que nous le savons être une vérité), est la seule ambition du parti national conservateur, qui a placé ses aspirations et ses désirs dans le pur domaine du patriotisme. Sa seule ambition, disons-nous, et on peut l'en croire quand il l'affirme, car son passé tout entier a prouvé, par la persistance et l'étendue des sacrifices, comme par la foi ardente de ses convictions, son absolu détachement des questions d'intérêt et de personnes.

En recommandant la conciliation et un système de transaction, les plumes non mexicaines qui nous suggèrent cette réponse, assimilent la situation actuelle au crépuscule, afin d'exprimer ainsi que le Mexique est placé dans un état essentiellement transitoire. Serait-ce trop demander à ceux qui croient bon de se servir d'une telle image de nous dire si nous sommes, suivant eux, au crépuscule du matin ou à celui du soir, si nous sortons de la nuit pour aller au jour, ou *vice versa?*

Le crépuscule, en effet, conduit graduellement au plein jour ou à la pleine nuit.

. Mais, sérieusement, comment, en 1864, et à l'occasion du Mexique, pouvoir parler de crépuscule? Le jour, — un jour éclatant, — n'a-t-il pas été fait le 3 octobre 1863 et le 10 avril dernier, au château de Miramar, puis au Mexique même, dans l'élan d'universel enthousiasme pour la monarchie qui a salué l'empereur?

En présence de cette délirante allégresse, à la pensée de quel Mexicain est-il venu que la transition entre la république et la monarchie catholique n'était pas encore accomplie, ou, pour parler le langage de nos contradicteurs, que nous n'étions encore qu'à la période crépusculaire?

On remarque qu'il faut rompre avec le passé, c'est-à-dire faire table rase de notre société, et inaugurer, sur les décombres de trois siècles, une ère qui, en ce cas, serait véritablement nouvelle, sans qu'on paraisse s'apercevoir qu'en applaudissant, comme on le fait, à l'établissement de l'empire, on rentre de plain-pied dans le passé , puisqu'on rentre dans une ancienne institution monarchique.

D'ailleurs, rompre avec le passé, outre que cette tâche serait des plus tristes, même pour un comité de salut public ; outre qu'elle est absolument inacceptable de la part d'un monarque restaurateur, l'élu d'un peuple qui n'a vu déjà s'entasser autour de lui que trop de ruines, et qui, les yeux fermés, s'est jeté dans des bras augustes, aussi généreux que magnanimes, en mettant sous leur égide le dépôt sacré de ses croyances et le succès de ses aspirations nationales; outre qu'il y aurait une opposition assez insolite dans la façon dont on traiterait, sous ce rapport, les choses morales et les choses physiques, puis-qu'on abdiquerait le passé social et politique du pays, au moment où une commission scientifique est chargée de rechercher les vestiges et les débris des antiquités mexi-caines; cette répudiation en elle-même, serait-elle donc chose si facile? Le passé, c'est l'histoire, et, pour oublier l'un, il faut brûler l'autre.

Si les peuples, pour aller vers le salut, devaient com-mencer par répudier leur passé; si le législateur, pour le leur assurer, devait faire abstraction de leurs mœurs, que deviendraient les axiomes de la sagesse politique? La maxime du poëte romain : « Quid leges sine moribus vanæ proficiunt? » aurait fait son temps; elle ne serait plus qu'un contre-sens aujourd'hui, et la raison, mobile comme la fantaisie, n'aurait plus de bases ni de len-demain.

En définitive, rompre avec le passé, c'est pour un peuple rompre avec lui-même, avec ses traditions, ses croyances, les habitudes nées de sa nature, et qui, par la double action d'effet et de cause qui leur est propre, ont consolidé cette stabilité et déterminé cette nature même. Mais sait-on bien où l'on va en faisant ainsi le procès au passé, en répudiant dédaigneusement trois siècles de mo-narchie prospère et féconde en faveur de quarante années d'anarchique misère, que nos contradicteurs eux-mêmes déclarent ne vouloir pas appeler *république* pour l'hon-neur de ce système de gouvernement?

N'est-ce pas détruire toute force, toute garantie, toute grandeur? Sans le temps, les imposants cèdres du Liban, fruits du passé, et qui en sont la preuve et la tradition, se seraient-ils développés dans leur majesté, en excitant l'admiration et le respect des voyageurs qui les contemplent? Sans le temps, sans le passé, serions-nous, Mexicains, si justement fiers de cette forêt d'arbres magnifiques et gigantesques de Chapultepec (1) qui sont je ne sais combien de fois centenaires, et qui font l'orgueil et la renommée de cette résidence, séjour favori de nos princes, et dès lors deux fois célèbre?

Aurait-on le profane courage d'appliquer la cognée à ces arbres vénérables, et de tout raser autour d'eux pour y substituer des jardins anglais et de gracieux parterres, quels que soient, d'ailleurs, leur parfum et leur beauté?

Ceux qui aspirent ainsi à nous faire vivre d'aujourd'hui seulement, en vertu d'une génération spontanée, semblent se faire un titre à notre confiance, en déclarant qu'aucun « écho d'un passé auquel ils sont parfaitement étrangers » ne peut se mêler à leur polémique. Mais ici encore ils s'abusent de la manière la plus complète, et nous laissent en défiance profonde; car, sans connaître notre passé, comment connaîtraient-ils notre présent et augureraient-ils de notre avenir?

Il est vrai qu'on ne prétend à rien moins qu'à « sauver les Mexicains sans eux et malgré eux, » phrase qui par parenthèse s'imprime à *Mexico même*. Nous sauver malgré nous et sans nous? Mais, nous le répétons et le répéterons sans cesse, qui a donc créé l'ordre de choses actuel? Qui a cherché, qui a élu, qui a proclamé et acclamé le pilote providentiel, entre les mains duquel es[t]

(1) *Ahuéhuétes.*

aujourd'hui le navire de nos destinées? Qui s'est livré à lui corps et âme, si ce n'est ceux-là même qu'on pré-tend sauver aujourd'hui sans eux et malgré eux?

Grand a été, nous l'avouons, le mécompte que nous avons ressenti en ne trouvant pas, dans le remarquable *Exposé de l'Ère nouvelle*, un seul mot, ni la moindre allusion à l'égard d'un élément qui occupe, sans conteste, une place prééminente dans la plupart des pays civilisés, l'*élément religieux*, et qui, au Mexique, lié directement et d'une manière constante à la politique, y a pris une part si considérable, qu'un écrivain libéral, d'un renom européen, n'a point hésité à reconnaître qu'à son extrême surprise, il avait pu constater, pendant son séjour dans ce pays, et en des heures où tous les ressorts de la vie sociale et administrative étaient rompus ou devenus inertes, qu'à lui seul, et par sa vertu propre, cet élément avait suffi à maintenir en vie cette société, et à former l'équivalent de toutes les forces vives qui lui manquaient : armée, finances et gouvernement.

Les premiers efforts, d'ailleurs infructueux, faits en 1810 pour obtenir l'indépendance, comme les derniers qui eurent lieu en 1821 pour la revendiquer de nouveau et pour l'affermir, couronnés cette fois par un triomphe éclatant, furent poursuivis et réalisés au nom et sous l'étendard de Notre-Dame-de-Guadalupe.

Il est des faits qui sont des principes, puisque les uns n'auraient pu naître sans les autres.

Qu'on jette un regard quelque peu attentif sur le passé du Mexique, et l'on reconnaîtra aisément qu'il a présenté, après ses trois siècles de monarchie coloniale, et comme nation indépendante, trois grands mouvements vraiment nationaux.

Le curé Hidalgo, d'abord ; Iturbide, ensuite ; le part conservateur, en dernier lieu, ont, chacun à leur tour, entraîné la nation derrière eux, avec la même devise et le même cri de ralliement : *Religion, patrie, monarchie.* Et quand, faute d'un prince pour réaliser le dernier terme de la formule, le Mexique, obéissant, pour son malheur, à de généreuses illusions, s'est cru apte à cette république démocratique qui faisait la grandeur d'un pays, son voisin géographique, mais son antipode moral et politique par la tradition, l'éducation et le caractère ; quand, disons-nous, l'idée monarchique a fait naufrage et que l'indépendance elle-même a failli disparaître, c'est la religion qui a surnagé. Et à tel point que, dans les constitutions républicaines elles-mêmes, elle a été dé-clarée *unique* et *inviolable.*

Nous ne considérons pas (nos sentiments intimes mis à part) si c'est là un mal ou un bien, si l'on a eu tort ou raison : nous constatons un simple fait d'histoire, dont la signification paraîtra considérable à tout homme po-litique vraiment libéral et clairvoyant.

On prétend, nous ne l'ignorons pas, que le sentiment religieux a perdu de sa force et de sa pureté parmi nous, par l'effet de la longue anarchie que nous avons tra-versée. Nous ne croyons pas, quant à nous, que la Provi-dence nous ait infligé ce nouveau malheur, car nous cher-cherions vainement la preuve de cet affaiblissement dans les vœux récents et les dernières manifestations du pays. Les sentiments exposés dans l'éloquent rapport de la

Commission des notables ; l'esprit profondément catholique, qui se dégage pour ainsi dire des *actas nacionales*, et qui a trouvé son expression la plus complète dans celle de la population de Morelia (1); l'explosion de bonheur qui a salué le retour de l'épiscopat et jusqu'à la petite croix, qui surmontait, — expressif symbole, — l'arc de triomphe de Vera-Cruz, le premier sous lequel soit passé le nouvel empire, tout concourt heureuse-

(1) Acte d'adhésion de Morelia, capitale de Michoacan.

« C'est notre volonté, y est-il dit, que l'on conserve sans altéra-
« tion l'intégrité de notre territoire, notre nationalité, notre indé-
« pendance, notre religion catholique, apostolique et romaine, comme
« culte unique, et en respectant de tous points les droits de la sainte
« Église. Nous acceptons l'intervention française, et nous appelons de
« tous nos vœux l'établissement d'un empire, sous forme de monar-
« chie modérée, personnifiée dans l'auguste prince Maximilien d'Au-
« triche, gouvernant tout le pays, suivant les conditions et les senti-
« ments proclamés dans la capitale par l'assemblée des notables. »

Il est à remarquer que c'est également à Morelia que les manifestations les plus ardentes, à l'égard de l'empire et de l'empereur, ont
éclaté. Aussi Sa Majesté a-t-elle daigné constater Elle-même, dans la
lettre suivante au préfet politique de Morelia, la satisfaction profonde qu'elle en avait ressentie :

« Monsieur le préfet, — Morelia s'est distinguée par ses démons-
« trations d'affection envers moi, en me faisant un accueil enthou-
« siaste et cordial que je n'oublierai jamais. Mon cœur ne peut rester
« indifférent à ces témoignages de sympathie, et je manquerais aux
« devoirs qu'impose la reconnaissance, si je ne transmettais, par votre
« organe, les plus expressifs remerciements aux habitants de cette
« belle ville. Dites-leur que je leur rends toute leur sympathie, et que
« je m'efforcerai d'assurer le bonheur de ce département, que je veux
« voir bientôt pacifié et en pleine jouissance de l'immense richesse
« dont la nature a doué son sol fertile. J'espère revenir dans peu de
« temps avec l'impératrice, afin qu'elle puisse connaître une ville si
« loyale et si dévouée ; et, en attendant, je conserverai le souvenir
« de son affection. »

« Sgné : MAXIMILIEN. »

ment à fortifier en nous cette conviction ; mais, ne fût-
elle qu'une illusion de nos désirs, cet affaiblissement ne
ferait que rendre plus impérieux, même au point de vue
de la politique, et des forces vives dont cette politique a
besoin, la nécessité, nous dirons plus, le devoir de réveiller l'esprit religieux, de solliciter aux vertus chré-
tiennes, s'il en est qui les oublient, ceux qui en sont les
dépositaires naturels, de poursuivre, en un mot, ce résultat, tout comme on se fait une obligation juste et pré-
voyante, dans ce moment même, en administration, en
finances, en organisation militaire, de donner des bases
solides à ces derniers éléments qui n'ont point échappé,
au Mexique, à l'ébranlement universel.

On ne ferait ainsi que s'inspirer d'un grand exemple
contemporain et imiter cette politique si sage et si puis-
samment réparatrice qui voulut, en 1852, qu'à l'heure
même où l'on se battait encore dans les rues de Paris,
l'on annonçât sur la voie publique le décret qui rendait
le culte au Panthéon !

Le second Napoléon avait vu, comme le premier, de
son regard ferme et profond, où se rencontre pour les
États la véritable force sociale, et quelle est la meilleure
des politiques.

Nous venons d'indiquer ce qui nous sépare, dans
l'appréciation de la situation actuelle, de l'honorable fondateur de l'*Ère nouvelle*. Un point seulement
nous rapproche, et nous sommes heureux de poser le
pied sur un terrain qui nous soit commun. Ce sont nos
sympathies et notre gratitude profonde (gratitude ren-
due naturellement si vive par notre condition de Mexi-

cain) envers la France impériale qui, sans compter les
sacrifices ni le sang de ses soldats, a conquis pour nous
le droit de choisir nos institutions, et qui, fidèle comme
toujours à elle-même, après l'avoir obtenu, nous a donné
toute facilité de l'exercer librement.

III.

En résumé, nous n'avons pas cru qu'il fût possible de
ne pas relever, dans l'*Exposé* de *l'Ère nouvelle*, eu égard
même à la notoriété distinguée de son auteur, des tendances et des allégations qui, se rattachant à sa brochure :
Programme de l'Empire, acquéraient, par cela même,
une signification exceptionnelle ; mais en nous imposant
la convenance, comme toujours, de n'avoir en face de
nous d'adversaires que les idées.

Nous avons considéré comme préjudiciable à la dignité mexicaine, qu'un publiciste étranger, et plus
étranger que tout autre à nos mœurs intimes par son
long séjour dans un pays républicain, ait conçu la pensée singulière de venir tout d'un coup diriger chez nous
l'opinion, et qu'il ait, pour ainsi dire, daté l'empire du
jour de la fondation de son journal.

Nous avons montré que cette qualité d'étranger, qui
rend impartial envers les personnes, rend presque iné-
vitablement partial envers les choses, puisqu'on ne les
aperçoit qu'à la surface, et qu'on les apprécie avec l'optique trompeuse du milieu où l'on a vécu.

Nous avons, en outre, établi, en parlant de rancunes et de passions, qu'on ne peut les supposer un seul instant au parti national conservateur, puisque, devenu la nation même, il a eu le providentiel bonheur de voir s'édifier un trône et un empire, conformes à ses principes, à ses besoins et à ses vœux ; qu'on ne peut les supposer non plus au parti tombé ; des paroles de sympathie, d'union et de concorde, étant les seules qui se soient fait entendre, et le pays ne connaissant plus d'exilés, — ni même d'exclus ; qu'accuser le parti conservateur « d'inertie et d'impuissance », c'était oublier que ce parti a rendu possible et préparé l'empire par ses initiatives, ses luttes et ses sacrifices, comme, après l'avoir proclamé, il en favorise l'action, aujourd'hui, par sa réserve et son silence; qu'enfin, ce prétendu cadavre a eu des bras assez robustes pour amener la monarchie de Miramar à Vera-Cruz, de Vera-Cruz à Mexico, et plus loin encore.

Nous avons démontré, ce nous semble, ce qu'il y avait de mal justifié à vouloir former au Mexique l'esprit public; l'empire n'étant plus à faire, mais étant fait, et les sentiments politiques et nationaux du Mexique ayant une caution de trois siècles. C'est là, avons-nous dit, une nécessité fictive, au nom de laquelle on remet en question l'existence des idées, des sentiments et des principes, sans lesquels pourtant il n'y aurait ni empire ni dynastie, et l'auteur de l'*Exposé* n'aurait ni possibilité ni raison de venir fonder à Mexico son *Ère nouvelle*.

A l'honorable publiciste, se plaignant que l'opinion au Mexique ne soit point assez détachée des choses d'un autre temps, faisant écueil, dit-il, « au progrès, » nous

avons pris la liberté de faire remarquer que, bon juge
sans doute de ce qui peut convenir à sa vie morale et politique, le pays avait résumé le progrès, tel qu'il le com-
prend, dans la triple formule du plan d'Iguala, *religion*,
indépendance et *monarchie*, formule qui fait de 1821,
sinon par l'identité des principes, du moins comme expression de tous les besoins et de tous les intérêts de
cette société, le **89** du Mexique.

Nous avons fait observer encore que le meilleur moyen
d'asseoir la concorde et la prospérité publiques est de
suivre le courant, au lieu de le remonter ; de s'abstenir
de programmes individuels, propres par leurs tendances à
altérer la confiance de la nation ; de se souvenir enfin que,
par l'acceptation du trône, sur la base des principes exposés
dans le rapport des notables, et conformément aux vœux
renfermés dans les *actas*, les partis, au point de vue d'ensemble de la politique, ont disparu, laissant en présence,
ou plutôt étroitement identifiés, une nation et un empereur ; qu'il n'y a plus aujourd'hui de principes fonda-
mentaux à établir, ces principes ayant été, si l'on peut
ainsi dire, couronnés avec S. A. I. l'archiduc Maximilien, mais seulement du gouvernement à faire, dans le
cercle de ces principes. Nous avons ajouté, à l'honneur
du parti national (et nous l'appelons ainsi, parce que,
si son œuvre est nationale, — et qui en peut douter
après les votes du pays et ses manifestations directes ? —
il est pleinement en droit de prendre cette qualification),
à l'honneur du parti national, disons-nous, que le triomphe de ces principes essentiels était son unique ambition,
et qu'en l'assurant on devait l'en croire, ayant prouvé

par la persévérance de ses sacrifices, avec la fermeté de ses convictions, son détachement de toute préoccupation personnelle.

Nous avons insisté sur cette considération que, loin d'être dominé par des idées étroites ou ombrageuses, à l'égard de l'influence étrangère, nous verrions avec joie notre riche sol livré aux exploitations de tout genre: scientifiques, artistiques, financières, industrielles et militaires ; mais qu'il existait un autre champ d'exploitation qui ne saurait être cultivé que par nos mains mêmes ; car dans tout pays, quel qu'il soit, il est des questions qu'on peut appeler *réservées*, et auxquelles ne sauraient toucher les mains profanes.

Tout en regrettant infiniment d'avoir dû prendre la parole afin de redresser des faits d'une trop grande portée et d'un trop vital intérêt, pour qu'il nous fût possible de faire autrement ; tout en rendant hommage au sentiment de bon vouloir sympathique dont les publications et les idées du rédacteur de l'*Ère Nouvelle* témoignent en faveur de notre pays ; tout en faisant des vœux pour que sa plume, aussi élégante qu'exercée, s'emploie à soutenir la grande cause de la monarchie catholique, chez un peuple qui, créé par elle, ne peut être régénéré que par elle, nous avons dû suivre pas à pas ses arguments, et, qui plus est, discuter même son silence.

Nous nous sommes montré surpris, en effet, que, traitant de la reconstitution d'une société, où la religion est toujours restée inséparable de la politique, l'auteur de l'*Exposé* n'ait pas seulement prononcé son nom, bien

que des écrivains libéraux d'Europe aient reconnu que
cet élément, en des heures de perturbation et d'anarchie,
avait, lui seul, tenu lieu, à la société mexicaine, de toutes les forces vitales dont une succession non interrom-
pue de gouvernements éphémères l'avait dépouillée;
bien encore que les trois mouvements vraiment nationaux du pays, 1810, 1821, 1864, se voient accomplis
par lui et surtout pour lui ; que les constitutions républicaines elles-mêmes l'aient déclaré inviolable ; qu'en
1846, les envahisseurs américains se soient imposé
l'obligation, afin de conquérir les sympathies nationales,
de le respecter et de le protéger ; que la plus simple
notion de gouvernement exige qu'on ne froisse pas, en
les dédaignant ou les répudiant, les sentiments et la con-
science de tout un pays, à une époque surtout où la
tolérance est acquise, même aux opinions les plus anti-
sociales ; qu'à supposer, par hypothèse, un affaiblissement dans la force et la pureté de ce sentiment, sous
l'action dissolvante d'une longue anarchie, le devoir n'en
serait que plus impérieux, au point de vue de la politique et des leviers dont elle a besoin, de réveiller cet
esprit religieux, de lui rendre tout son prestige, et d'en
rappeler, s'il le fallait, les obligations sacrées à ses dépositaires naturels.

Nous avons constaté que le second Napoléon, comme
le premier, y avait vu une des bases essentielles de la
constitution sociale, et que le prince d'Orange avait été,
en Angleterre, le défendre avec son épée, et en faire le
fondement de sa dynastie.

Nous aurions pu dire, enfin, renfermant dans deux mots

notre pensée tout entière, que comme l'homme, s'il est permis de parler ainsi, a été fait à l'image de Dieu, la politique du Mexique, pour être bienfaisante et durable, doit être faite à sa propre image, en reflétant ses instincts, ses traditions, ses mœurs et ses intérêts.

UN MEXICAIN.

Paris, 25 novembre 1864.

Paris. — Typ. de Ad. Lainé et J. Havard, rue des Saints-Pères, 19.